Apprendre
à s'aimer

Clé d'une vie épanouie

Autres ouvrages de Pierre Pradervand :

Vivre le temps autrement, Coll. Pratiques, 2004
Gérer mon argent dans la liberté, Coll. Pratiques, 2004
Messages de vie du couloir de la mort,
avec Roger W. McGowen, 2003
Plus jamais victime, Coll. Pratiques, 2001
Le bonheur, ça s'apprend, Coll. Pratiques, 2001
La vie simple, Coll. Pratiques, 1999
Vivre sa spiritualité au quotidien, 1997
Découvrir les vraies richesses, 1996

Extraits du catalogue Jouvence

Le courage, Osho, 2004
Déverouiller ses blocages, Marie-France Muller, 2003
La maîtrise de l'amour, Don Miguel Ruiz, 1999
Les quatre accords toltèques, Don Miguel Ruiz, 1999
Les mots sont des fenêtres, M. B. Rosenberg, 1999
Aucune rencontre n'arrive par hasard, Kay Pollak, 1998
Vivre son deuil et croître, R. Poletti & B. Dobbs, 1993
Apprivoiser la tendresse, Jacques Salomé, 1988

Catalogue gratuit sur simple demande :

ÉDITIONS JOUVENCE
France : BP 90107 – 74161 Saint-Julien-en-Genevois Cedex
Suisse : CP 227 – 1225 Chêne-Bourg (Genève)
Site internet : **www.editions-jouvence.com**
E-mail : info@editions-jouvence.com

© Copyright 2006, Éditions Jouvence
ISBN 978-2-88353-534-3

Mise en page : Éditions Jouvence
Dessins de couverture et intérieur : Jean Augagneur

SOMMAIRE

À Marc et Amélie,
en vous souhaitant un océan de bonheur.

« Accroche ton chariot à une étoile. »
(Emerson)

Introduction

Pourquoi ce thème ?

La question la plus importante que vous pouvez vous poser dans la vie est peut-être la suivante : suis-je en train de m'aimer en ce moment ?

Au cours de 15 ans de stages et formations en développement personnel pendant lesquels j'ai travaillé avec des milliers de participants, j'ai été de plus en plus frappé par le manque d'amour de soi rencontré chez la très grande majorité d'entre eux. J'en suis arrivé à la conclusion que le manque d'un amour intelligent et équilibré de soi constitue le problème psychologique numéro un de notre culture judéo-chrétienne.

Pourtant un grand sage nous a dit il y a 2000 ans d'aimer notre prochain *comme nous-mêmes*. Or, nous avons systématiquement occulté la deuxième partie de la phrase, ce qui fait que nous n'avons que rarement réussi à vraiment aimer notre prochain de façon joyeuse et équilibrée. En effet, comment peut-on donner aux autres ce qu'on se refuse à soi-même ? Le plus stupéfiant est d'avoir entendu tellement de fois des personnes s'exclamer : « Mais c'est égoïste de s'aimer soi-même ! » *Alors que c'est exactement le contraire.* Je ne peux que donner ce que je possède : si je me refuse cette richesse à moi-même, je ne vais jamais pouvoir la partager avec d'autres.

L'univers est un endroit infiniment accueillant et aimant, qui veut notre bien au-delà de tout ce que nous pouvons même concevoir. Il veut pour nous et nous offre à chaque instant la plénitude sans limite, les verts pâturages en abondance, une coupe qui déborde. Acceptons-nous cette invitation de la vie ?

Et d'abord, qu'est-ce que l'amour ? Au début d'un livre sur cette question, il serait bon de définir ce terme, tellement il est utilisé à tort et à travers. Ma définition de l'amour, « testée » dans le creuset de la vie depuis bientôt 50 ans, est très simple : **aimer, c'est vouloir le vrai bien de l'autre et de soi-même**. Cet autre n'est pas seulement mon prochain, mais cela peut être tout être animé ou même inanimé, sans parler de la planète Terre elle-même, sans laquelle nous aurions quelque peine à survivre !

À la base de l'amour, plus que toute autre chose, il y a un immense respect de la personne ou chose aimée dans son identité profonde. Respecter signifie avoir une considération et des égards profonds pour quelqu'un ou quelque chose, les accepter totalement, les honorer et les traiter avec déférence et courtoisie, tolérer les différences qui nous caractérisent, ne pas empiéter sur l'espace de l'autre, pour ne mentionner que quelques dimensions du respect.

S'aimer signifie avoir pour soi-même une infinie tendresse, une compassion et un respect total. Ce que cela implique dans la vie quotidienne est tout le thème de ce modeste ouvrage. Et la bonne nouvelle, *c'est que chacun de nous possède déjà en lui-même une capacité illimitée à aimer et à s'aimer !* Ce n'est pas quelque chose d'extérieur que nous avons à acquérir, mais une compétence qui nous est innée et que nous avons simplement à *découvrir.*

Le psychiatre Gerald G. Jampolsky[1] a même défini la santé mentale comme *une attitude consistant à se reconnaître comme amour et à donner de l'amour.* Si la seule chose que vous retiriez de cette lecture était cette simple prise de conscience que **le fond de votre nature est amour**, c'est déjà beaucoup.

La construction de ce livre

Nous vous invitons à le lire en entier, à reprendre ensuite chacun des douze chapitres et à vraiment les travailler. Si certains sujets rencontrent en vous une forte résistance, réjouissez-vous, car c'est probablement le signe que vous avez un besoin particulier de creuser le problème en question !

---

[1] Auteur entre autres du best-seller *Aimer, c'est se libérer de la peur,* Éditions Vivez Soleil, 2002 (épuisé) et de *Raccourcis vers dieu,* Éditions Jouvence, 2002.

Ne croyez pas un mot de ce que vous lisez tant que vous ne l'avez pas expérimenté dans votre vie ! Mais en même temps, je vous invite à aborder cet ouvrage avec l'esprit en « position parachute » (c'est comme cela qu'il fonctionne le mieux), c'est-à-dire grand ouvert. Si une idée vous surprend, au lieu de la glisser immédiatement dans le tiroir « Pas d'accord », suspendez votre jugement, le temps de l'examiner sous toutes ses coutures, en étant prêt à vous laisser surprendre.

Les sept postulats suivants constituent la base de ce livre

❶ La vie est une école : Nous sommes ici-bas pour apprendre les grandes lois de la vie, dont la plus importante est celle de l'amour inconditionnel, de nous-même comme des autres. Notre bonheur dépend de cet apprentissage. Il est impossible d'être réellement heureux à long terme quand nous évoluons en opposition aux lois de l'univers.

❷ L'amour est la composante la plus profonde de la nature de chacun, il constitue la fondation même de notre être. Même celui qui a une apparence de brute contient, enfoui au plus profond de lui-même, un « diamant » non poli, ce fond aimant.

❸ Cet amour, quand il est exprimé sans peur aucune, constitue la force la plus puissante dans l'univers.

❹ **Si nous avons tant de peine à nous apprécier** et avons souvent une image de nous-même vacillante, c'est à cause de toutes sortes de croyances négatives sur nous-mêmes souvent formées très tôt dans la vie, du type : « Je suis nul », « Je ne suis pas digne d'être aimé », « Je ne vaux rien », « Je ne mérite vraiment pas le bien », « Je suis vraiment moche (trop grosse) », etc. J'appelle cela les « pensées DDS » (dépréciation de soi). La plupart d'entre nous en avons hérité une gamme complète et variée, bien adaptée à toutes les circonstances ! Un des exemples les plus frappants que j'ai jamais rencontrés de ce conditionnement négatif dans la petite enfance me fut donné par un ami pasteur qui visitait des paroissiens. Il sonne à la porte et un petit garçon de 4 à 5 ans vient lui ouvrir :

« Comment t'appelles-tu ? demande mon ami.
– Jean-ne-fais-pas-cela.
– Qu'est-ce que tu dis ?
– Je m'appelle Jean-ne-fais-pas-cela. »

Tout au long de la soirée, la mère du petit lui disait, toutes les deux ou trois minutes : « Jean, ne fais pas cela » !

Pour éliminer les pensées DDS, il faut souvent effectuer un long travail sur soi, en utilisant des affirmations valorisantes sur notre identité (que nous aborderons plus loin). Car, à chaque instant de la vie, nous choisissons nos pensées. Et même si nous avons l'impression que certaines pensées DDS s'imposent à nous malgré nous, nous AVONS le choix de penser autrement. Certes, la « reprogrammation » peut être longue et difficile, mais les fruits que nous récolterons valent mille fois l'effort consenti.

Swami Vivekananda, un grand sage indien, nous enseigne une règle importante dans ce domaine : « *Ce que tu penses, tu le deviens. Si tu te crois faible, tu seras faible. Si tu te crois fort, tu seras fort. Si tu te crois impur, tu seras impur. Si tu te crois pur, tu seras pur. Tu ne dois pas te croire faible, mais fort, omnipotent, omniscient. Même si je ne l'ai pas exprimé, c'est en moi. Toute la connaissance est en moi, toute la puissance, toute la pureté, toute la liberté. Pourquoi ne puis-je pas exprimer cette connaissance ? Parce que je n'y crois pas. Si j'y crois, elle viendra à moi.* »

Personne n'est tenu de rester victime de son passé ou de ses habitudes de pensée. « Nul ne peut vous faire sentir inférieur sans votre consentement » a dit Eleonore Roosevelt. Nous avons peut-être donné notre consentement aux pensées DDS dans le passé, mais nous pouvons cesser de le faire depuis cette minute même !

❺ **Nous pouvons à chaque instant faire le *choix* de nous apprécier à notre juste valeur et de nous aimer.** Nous pouvons changer nos fausses croyances au sujet de nous-même. Nous pouvons faire le choix de démanteler nos barrières, faire l'expérience du flux de l'amour en nous, vivre la plénitude joyeuse. Nous avons à tout instant la liberté et la possibilité de « déprogrammer » les vieilles habitudes mentales et de nous rééduquer, quel que soit le nombre de fois que nous avons échoué dans le passé.

En d'autres termes, nous sommes à chaque instant à une croisée de route : nous avons le choix entre transformer et enrichir notre vie, ou rester dans un « parking payant » où nous n'avons pas à faire d'efforts… mais, la facture s'alourdit d'heure en heure ! Par parking payant il faut entendre tout espace mental où nous avons tendance à ne plus faire d'efforts, à nous laisser aller, à nous laisser entraîner par l'habitude. La plupart d'entre nous nous créons de tels « parkings » au cours de la vie. Une fois que nous avons atteint cette zone, nous y restons, quitte à résister même au changement positif. C'est par exemple le cas de l'obésité ou du manque d'exercice qu'on accepte un peu par paresse, du blocage d'une relation humaine à laquelle on s'habitue, d'une relation de couple qui s'endort dans le ronron quotidien… la liste est sans fin. Ces parkings payants deviennent le grand ennemi du potentiel humain, car ils se transforment en ornières, et au lieu d'utiliser notre créativité pour en sortir, nous l'utilisons pour rendre l'ornière plus confortable !

❻ Chacun a, au cœur de son Soi profond, de son identité authentique, un centre infiniment aimant et fort, pur et permanent, qui ne change jamais, qui n'est aucunement affecté ni par le bavardage incessant de notre pensée (à tel point que nous avons parfois l'impression qu'elle est quasi autonome !) ni par l'état de notre corps. Ce centre – ce compas intérieur – anime, intègre et dirige notre vie, souvent à notre insu. Deepak Chopra, auteur d'une série de best-sellers mondiaux dans le domaine du développement personnel, écrit : *« Chacun de nous habite une réalité au-delà de tout changement. Tout au fond de nous-mêmes, inconnu des cinq sens, existe un centre, un noyau intérieur de notre être, un champ, un espace de non-changement… Cet être constitue notre être essentiel – c'est ce que nous sommes vraiment. »*

J'ai grandi dans un milieu protestant sévère, très empreint d'un calvinisme austère avec une vision profondément pessimiste de l'être humain. Jeune étudiant, j'ai eu envie de secouer cette carapace et de partir à la recherche d'un « moi » qui serait autre que ce « misérable pêcheur » dont j'avais entendu parler pendant les vingt premières années de ma vie. J'ai entrepris une thérapie utilisant la technique du rêve éveillé. Un jour, le thérapeute me dit : « Aujourd'hui, vous allez descendre dans votre cave intérieure. » En descendant, j'eus des comportements violents. Puis soudain, ce fut un éblouissement total : je découvris que le fond de mon être, le noyau pur, le Soi profond était TOTALEMENT BON. Je ressentis un puissant afflux d'énergie. Mon visage en fut tellement transformé que peu de temps après, au restaurant universitaire, mes amis me demandèrent ce qui s'était passé. Ce fut là un des moments les plus forts de mon existence.

❼ Nous ne pourrons jamais vraiment apprécier et aimer les autres tant que nous ne commençons pas par reconnaître, apprécier, chérir et respecter sans conditions l'être splendide que nous sommes.

Alors partez à la découverte de la personne absolument superbe que vous êtes ! Ce sera la découverte la plus puissante de votre vie ; et plus vous arrivez à discerner la beauté qui est en vous, plus vous réussirez à la voir chez les autres. Vous avez une valeur infinie *simplement parce que vous existez.* Vous avez une valeur infinie parce que vous êtes unique et qu'il n'y aura jamais deux êtres exactement comme vous dans l'histoire de la planète. Vous avez une valeur infinie parce que personne n'exprime vos qualités exactement de la même manière. Vous avez une valeur sans limite parce que vous avez quelque chose d'absolument unique à apporter à la construction du monde de demain, *d'un monde de justice qui marche pour tous.*

Même une personne souffrant d'un handicap mental profond a une contribution à faire à cette terre. Ces personnes constituaient pour moi un profond mystère pendant des années. Un jour, sur un avion, j'entamai une conversation avec la personne à côté de moi. Cet anthroposophe, disciple de Rudolf Steiner, dirigeait un centre réputé pour handicapés mentaux profonds en Grande-Bretagne. Je lui posai ma question : « Quelle est la raison d'être de ces personnes ? » Je n'oublierai jamais sa réponse : « Avez-vous déjà pensé aux qualités que ceux qui s'occupent d'eux sont obligés de développer ? ». En d'autres termes, ces handicapés sont de grands pédagogues qui s'ignorent ! Et en élargissant la logique de cet argument, on peut dire sans hésiter que nos pires ennemis, ceux qui nous font « suer » le plus dans la vie, qui nous font « grimper aux murs », sont les meilleurs amis de notre croissance intérieure, car ils nous obligent à nous dépasser.

Paul Ferrini, un auteur américain d'ouvrages de spiritualité, écrit dans son ouvrage *Love Without Conditions*[2] : « Dès votre petite enfance, vous avez été conditionné à vous valoriser seulement quand les gens vous répondaient positivement. Vous avez appris que votre valeur était établie de l'extérieur, par les autres. Ceci était l'erreur fondamentale qui s'est perpétuée à travers toute votre vie.

Apprendre à donner de l'amour à la personne blessée en vous est la première étape pour corriger la croyance que votre valeur dépend de la façon

---

[2] Heartways Press, 1994. (L'amour sans conditions, non traduit)

dont les autres vous considèrent. Lentement, vous vous rééduquez en vous valorisant tel que vous êtes ici et maintenant, sans conditions. **Personne d'autre ne peut faire ceci pour vous.** »

Il vous faut « *rejeter l'illusion que vous n'êtes pas digne d'amour exactement tel que vous êtes. Vous manifestez l'amour en le donnant inconditionnellement à vous-même. Et à mesure que vous faites ceci, vous attirez dans votre vie ceux qui sont capables de vous aimer sans conditions.* »

Ferrini ajoute que notre tentative pour trouver de l'amour en dehors de nous-même échoue parce que nous ne pouvons recevoir des autres ce que nous refusons de donner à nous-même. Et quand nous refusons de nous donner de l'amour, il y a de fortes chances que nous attirions dans notre vie les personnes qui manifestent la même tendance à se dévaloriser. Ce qui ne sera pas pour nous aider !

Cette résistance à s'aimer tient sans doute au fait qu'une part de nous-même ne se sent pas digne de l'amour inconditionnel, ne pense pas le mériter. Or, nous sommes dignes de la totalité du bien, gratuitement, simplement parce que nous sommes enfants de l'univers. Un sage de l'Antiquité, Malachie, disait que l'univers ouvre les écluses des cieux à celui qui suit ses lois. Quelle puissante métaphore ! Êtes-vous prêt à accepter que l'univers n'attend qu'une chose : un cœur ouvert, pour vous combler au-delà même de ce que vous pensez pouvoir recevoir ?

Une autre raison de cette difficulté à nous aimer pourrait-elle tenir au fait que nous avons secrètement peur de ce que nous désirons le plus ? Peur de la puissance transformatrice extraordinaire de l'amour ? Peur de la liberté complète qu'il donne à celui qui le vit totalement ? « Aime et fais ce que tu voudras » dit saint Augustin. Nos parkings payants seraient-ils finalement plus rassurants que les espaces infinis de l'amour ? Oserons-nous le pari de l'amour ?

« Celui qui prend un risque perd pied pour un instant, celui qui ne prend pas de risques perd sa vie » (Kierkegaard). Lequel des deux risques préférez-vous ?

Chapitre I

Entretenir une bonne image de soi

Une bonne image de soi est probablement le facteur le plus important pour bien réussir sa vie. *Absolument tout découle de l'image que nous entretenons de nous-même.* Une personne positive avec une image d'elle-même bien affirmée et équilibrée attirera à elle les bons contacts, les opportunités et occasions favorables. Cela lui ouvrira les portes. Elle aura plus d'assurance pour briguer des emplois intéressants, négocier un salaire qui convient à ce qu'elle estime être sa vraie valeur, aura plus de facilité dans les contacts humains, etc.

Par contre, une personne avec une mauvaise image d'elle-même aura tendance à attirer des situations négatives, à avoir plus de difficultés dans ses relations humaines, sans parler de toute une série de pathologies comme la drogue, l'alcoolisme, etc.

Quelques outils pour améliorer notre image de nous-même

Dans mes stages d'été à la montagne, lors d'une journée de sortie, j'anime le « jeu des qualités » dans un alpage à 2000 mètres d'altitude entouré de montagnes grandioses. Les participants s'assoient en demi-lune et, à tour de rôle, chacun vient devant tout le groupe. Puis, tous ensemble, nous décrivons la personne uniquement avec des qualités positives, en les préfaçant de la mention : « (Prénom), je t'aime (je t'apprécie, je te respecte) pour ta bonté (ta joie, ton courage… la liste est infinie) » pendant qu'un des participants fait une liste écrite de ces termes. Quand la personne debout sent qu'elle est comblée, elle dit : « Ma coupe est pleine », et on lui remet sa liste.

Les participants sont ensuite encouragés à lire leur liste, lentement, à haute voix, au réveil et en se couchant – et cela aussi longtemps que cela leur « parle ». L'impact de cet exercice peut être très puissant. Je me rappelle une petite paysanne de l'Appenzell, Heidi, qui obtint une des plus longues listes que j'ai jamais transcrites dans ce jeu, car elle était la coqueluche du stage, tous l'adoraient. Pendant des semaines après le cours, elle relut sa liste religieusement et chaque fois avec des flots de larmes. Un profond travail de « nettoyage » intérieur et de lâcher-prise s'est opéré en elle de cette façon.

Alors pourquoi ne pas faire cet exercice avec des amis, voire au bureau si cela s'y prête ? C'est un cadeau d'une grande valeur que vous vous ferez à vous-même… et à d'autres.

Un deuxième outil pour travailler sur l'image de soi, ce sont les affirmations. Pour moi, le travail avec des affirmations est totalement différent de la fameuse autosuggestion de Coué. La méthode Coué repose sur quelque chose de purement mécanique : c'est l'idée que la répétition *en soi* va engendrer un résultat positif. On peut la comparer à de la pub qu'on se fait à soi-même (les publicitaires se reposent en grande partie sur la force de la répétition, assénée à toutes les sauces et sous toutes les formes). Par contre, les affirmations décrites ici manifestent simplement *quelque chose qui est* DÉJÀ *vrai*. Elles ne visent pas à créer *ex nihilo* quelque chose qui n'existe pas.

Une affirmation doit être à la première personne, brève, formulée en termes *entièrement* positifs, clairement ciblée et répétée souvent. Elle doit affirmer quelque chose dans le présent (et non pas quelque chose qui pourrait survenir dans l'avenir). Les affirmations peuvent incorporer une dimension spirituelle. Pour une personne croyante, une telle affirmation aura encore plus de poids, surtout si elle est tirée d'un livre sacré, comme ce verset du psaume 139 : « Je te loue de ce que je suis une créature si merveilleuse. » En voici quelques exemples :

– Je suis totalement digne d'amour,

– Je choisis de m'aimer exactement comme je suis,

– J'accepte joyeusement la totalité de l'abondance que l'univers veut me donner,

– Je rayonne l'amour en toutes circonstances,

– L'amour qui m'a créé est ce que je suis,

– (En inspirant) Je suis la paix (divine), (en expirant) La paix (divine) maintenant.

Un autre outil consiste à créer (ou lire) un texte, spirituel ou autre, et à le méditer lentement chaque jour. Ceci signifie que vous laisserez le sens de chaque phrase vous imprégner totalement, jusqu'à ce que vous le « sentiez » avec le cœur, non seulement avec l'intellect. Voici par exemple un texte sur l'amour que j'utilise dans mes stages d'été et qui est très apprécié des participants depuis des années. Le texte ci-contre peut être utilisé comme méditation, prière ou affirmation.

*Je suis amour, l'amour est tout ce que j'ai
toujours été.*

*Je suis seulement amour, manifestant tout ce
qu'est l'amour.*

*L'amour constitue ma véritable identité
« Tel Il est, tel nous sommes aussi dans le
monde. » (I Jean 4, 17)*

*L'amour est également l'identité de tous ceux
et toutes celles que je rencontre.*

*L'amour constitue le fond de mon être, la
seule loi de mon existence. Il est le seul sens de
ma vie, débarrassée de tout ego.*

*L'amour est ma substance et le point de
départ de toutes mes pensées, ma seule réponse
possible à toute agression, rencontre, peur,
événement, situation, défi, joie.*

*L'amour est la seule présence que j'ai, la seule
réalité de mon être qu'il remplit en totalité
pour constituer mon seul et unique pouvoir.*

*L'amour constitue l'espace de ma vie, la vie de
ma vie, son essence,
mon seul présent.*

L'amour qui m'a créé(e) est ce que je suis.

L'ego, le mental, l'esprit cartésien opposeront toutes sortes d'arguments, de résistances et de bruitages à ces affirmations. Ne les écoutez pas ! Laissez votre sens spirituel accueillir ces paroles et les écouter. Pénétrez-vous de leur sens sans les filtrer à travers votre jugement.

Un autre exercice utile est celui du miroir, à faire le matin au lever et si possible le soir avant de se coucher. Il est important d'avoir le temps de le faire sans stress et d'être absolument seul. Vous vous mettez face à votre miroir, assis ou debout, et vous vous répétez lentement la phrase suivante, en vous regardant droit dans les yeux : « Je m'accepte entièrement, je me respecte totalement, je m'aime inconditionnellement exactement comme je suis. » (Vous pouvez aussi le dire à la deuxième personne : « Je t'accepte... ») La force de cet exercice basé sur une affirmation positive est augmentée par le fait que vous vous parlez à haute voix, en vous regardant en face, droit dans les yeux. Si la phrase ci-dessus ne vous convient pas, créez la vôtre.

Chapitre II

Être fidèle à soi-même

Dans sa célèbre pièce *Hamlet*, le dramaturge Shakespeare, un remarquable observateur de la nature humaine, fait dire au personnage Polonius :

Ceci par-dessus tout : sois fidèle à toi-même
Et il s'ensuivra, comme la nuit suit le jour,
Que tu ne peux manquer d'authenticité avec
personne.

Cette phrase de Shakespeare constitue le fondement du développement personnel à mon avis. Plus votre image de vous sera positive et forte, plus il vous sera aisé d'être fidèle à vous-même. Et inversement : plus cette image sera incertaine, plus vous aurez de la peine à suivre votre propre chemin, vos besoins profonds, vos désirs légitimes.

Personne ne peut vivre votre vie à votre place et absolument personne ne peut vous dire ou même suggérer comment la vivre (certains s'arrogent ce droit, mais seulement avec votre consentement).

Être fidèle à vous-même – à vos besoins profonds, vos rêves secrets, vos désirs légitimes, vos aspirations – constitue la plus grande marque de respect que vous puissiez vous témoigner. De plus, vous respecter vous-même (d'où découle automatiquement le respect des autres) constitue la base par excellence de votre équilibre et de votre santé mentale. Car la chose *la plus terrible* qui puisse arriver à un être humain est de perdre le respect de soi.

Il n'est jamais trop tard pour devenir fidèle à soi-même. Parfois, cette fidélité signifiera suivre sa voix intérieure, un appel du lointain, une passion cachée, quitte à abandonner la sécurité du job bien payé, d'une relation amorphe mais sécurisante, ou même l'estime de personnes qui vous sont chères. Ne pensez-vous pas qu'il vaut mieux consentir maintenant des sacrifices réels, en vue de devenir fidèle à son idéal, que de grimper toute sa vie l'échelle du « succès » ou d'une vie parfaitement cadrée et à l'abri des imprévus et d'arriver à 60 ans en réalisant que l'on a posé son échelle… contre le faux mur ? C'est alors que la déconvenue peut être terrible.

Mieux vaut connaître des échecs occasionnels sur un chemin que vous avez vraiment choisi, que « réussir » sur l'autoroute où vous conduisez sur pilote automatique, cédant aux pressions de la famille ou du milieu social. Qui ne connaît pas d'exemples de personnes ayant brillamment « réussi » professionnellement… mais leur femme les a quittés, ils n'ont jamais vu grandir leurs enfants qui sont devenus des étrangers pour eux et ils arrivent en fin de vie avec l'impression d'être passé à côté de l'existence.

Alors, chère lectrice, cher lecteur, ne voulez-vous pas vous accorder ce cadeau suprême d'être fidèle à vous-même, à votre chemin, à vos valeurs et à votre vision des choses ? Sans agressivité, mais avec une force tranquille, avec modestie et sans l'envie d'être simplement différent des autres par une sorte de snobisme à rebours. Pourquoi ne pas avoir envers vous-même cette tendresse profonde et lucide qui prend conscience que vous ne pourrez vous réaliser pleinement QUE sur le chemin qui est *vraiment* le vôtre ?

Imaginons que vous êtes d'une famille très catholique et que vous désirez épouser un musulman pratiquant (donc pas de baptême pour vos enfants), ou que vous vous découvriez homosexuel(le), ou que vous êtes d'une famille de banquiers depuis des générations et que vous décidez de militer dans un parti d'extrême gauche. Ayez assez de compassion envers votre famille pour comprendre qu'elle ne peut sans doute pas saisir votre démarche et, si votre conviction est totalement sincère, vous trouverez en vous le courage de marcher sereinement sur votre chemin. « Un chemin se trace en y marchant », dit un proverbe chinois. Frayez le vôtre. Si vos motifs sont authentiques et votre intention ferme et claire, vous aboutirez, tôt ou tard, dans vos verts pâturages. Vous ne pouvez l'éviter, car *l'univers nous a tous programmés pour la plénitude.*

Chapitre III

Reconnaître et honorer
ses besoins

Une démarche incontournable dans l'apprentissage de l'amour de soi consiste à d'abord reconnaître ses besoins profonds, puis à les honorer et à leur donner la possibilité de s'épanouir.

Beaucoup de personnes – en grande partie à cause d'influences judéo-chrétiennes mal assimilées – pensent que prendre en considération ses propres besoins est « égoïste. » Rien ne pourrait être plus loin de la vérité, car un besoin n'a pas le caractère superficiel de certains désirs.

Certains désirs, il est vrai, nous aident à progresser, comme par exemple l'ambition de servir, d'exceller dans un domaine, de connaître Dieu. Mais souvent les désirs reflètent des penchants très superficiels (ce qui ne veut pas dire mauvais), voire momentanés, qui peuvent disparaître aussi rapidement qu'ils sont venus. Ils sont généralement le produit d'une suggestion soudaine, et la publicité excelle dans l'art de les susciter. Il est important de savoir contrôler ses désirs et de savoir les remettre à leur place – ce qui signifie souvent de purement et simplement leur dire « non ». Une personne dont la vie est en grande partie contrôlée par les inclinations superficielles vit un enfer de dépendance et a perdu toute autonomie, voire tout respect de soi.

Mais les besoins sont d'une tout autre catégorie. Certains sont absolument nécessaires à notre survie, d'autres indispensables au bonheur. La classification de loin la plus connue de ces derniers est celle du psychologue Abraham Maslow.

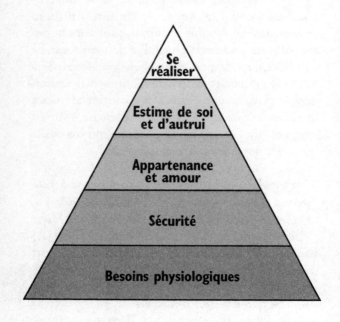

Par besoins physiologiques, on entend manger, dormir, la gestion de sa vie sexuelle, etc. Les besoins de sécurité sont par exemple le logement, la sécurité financière, la sécurité physique dans les endroits publics et chez soi. Les besoins d'appartenance et d'amour se situent au niveau des relations humaines (et n'oubliez surtout pas l'amour pour vous-même !). Soulignons que votre respect des autres, qui conditionne fondamentalement vos relations familiales et sociales, est aussi indispensable à votre bonheur que votre amour pour vous-même.

Finalement le besoin de se réaliser vient tout en haut : c'est la recherche du sens de la vie, un travail dans lequel on peut s'investir totalement et avec joie, le sentiment d'utilité sociale, votre lien avec une Réalité transcendante (que vous définirez à votre façon), vos croyances spirituelles (vie dans l'au-delà, etc.).

Acceptez vos besoins comme quelque chose de beau et de noble. Prenez un moment tranquille, asseyez-vous confortablement avec une feuille blanche et faites la liste de vos besoins que vous classerez en trois colonnes :

Besoins satisfaits	Besoins qui demandent que je les honore plus	Besoins négligés

Pour les deux dernières catégories, posez-vous la question : est-ce que je m'aime suffisamment pour vouloir entreprendre une démarche afin de vraiment les satisfaire ? Si la réponse est oui, établissez une stratégie douce pour corriger le tir. Ainsi, si vous négligez votre alimentation, prenez le temps de, d'abord, vous informer sur les régimes qui pourraient vous convenir et établissez un plan d'action pour arriver à une alimentation plus équilibrée.

Si la réponse est non ou pas tellement, alors il est nécessaire d'entreprendre un travail plus approfondi de recherche intérieure sur les raisons qui font que vous acceptez de vivre sans honorer vos besoins. Est-ce une forme d'autopunition ? Est-ce le résultat d'un interdit de nature religieuse ou psychologique ? Un tel travail de débrous-saillement intérieur dépasse largement ce modeste ouvrage.

Chapitre IV

Savoir dire non

Au moins trois quarts des personnes participant à mes cours et stages ont de la peine à dire « non » aux demandes qui leur sont faites, même quand cela les dérange.

Cette incapacité à défendre son droit, à fixer des limites aux demandes des autres, à préserver son espace personnel, voire son jardin secret, traduit presque toujours un manque de confiance en soi et surtout d'amour de soi. Cela signifie que j'accorde plus d'autorité et d'importance à l'opinion ou aux normes de l'autre qu'aux miennes, que j'étouffe mes propres besoins et priorités au profit des demandes (et parfois des exigences tyranniques) des autres. Cette incapacité est aussi souvent liée à la peur de décevoir les autres. Ceux qui souffrent de ce qu'on appelle le *burn out* sont souvent des personnes qui n'ont pas su dire non, un non respectueux à l'autre parce que respectueux de soi.

Or, nous avons le droit de préserver notre espace de vie des demandes excessives des autres.

C'est même une des conditions de base d'une véritable disponibilité. *Savoir dire non, un non ferme, sans agressivité et surtout sans culpabilité, constitue une expression de maturité émotionnelle.* C'est la caractéristique d'une personne qui est à l'écoute de ses besoins et les respecte. Paradoxalement, un non authentique, enraciné dans le Soi profond, dans le respect de son propre espace de vie, constitue un oui caché. *Dire non, c'est dire oui à autre chose (besoin, valeur, etc.) qui est plus importante pour soi. De même qu'un oui dit sous pression, par culpabilité ou pour tout autre motif malsain, constitue un non caché à ses propres besoins.*

Donnons un exemple pratique. Vous êtes veuve ou divorcée, vous vivez seule et vous travaillez comme réceptionniste dans le centre social d'un quartier pauvre et socialement tumultueux. C'est un travail exigeant et souvent épuisant, car vous êtes la première à accueillir des personnes souvent perdues, en colère, déprimées. Vous avez aussi une fille unique, mariée, Juliette, qui vient d'avoir un bébé. Vous allez assez souvent faire du baby-sitting chez elle.

Vous rentrez un vendredi soir, vraiment à bout, après une semaine particulièrement harassante. Vous rêvez d'une seule chose : prendre un bon bain chaud et vous étendre sur le canapé avec de la musique douce ou un bon livre. À peine avez-vous déposé votre manteau que le téléphone sonne.

« Allo Mamie ? C'est Juliette. Mamie, Georges et moi voulons absolument aller au cinéma ce soir, c'est le dernier jour où l'on joue *Terreur au Kamtchatka*. Pourrais-tu venir faire du baby-sitting ? »

Vous avez le choix de dire un oui contraint, peut-être un peu par culpabilité (très probablement !). Mais ce oui est en fait un NON : un non à votre besoin profond de vous reposer, de vous occuper de vous-même, ce qui est nécessaire non seulement pour être en forme pour le travail, mais aussi pour jouir de la vie, ce qui est votre droit le plus fondamental. C'est aussi un non à la capacité de Juliette de vous accepter avec vos limites et VOS besoins et d'être assez créatrice pour trouver une autre solution – ou même (quel drame !) de se passer de sa séance de cinéma.

Vous pouvez aussi dire un non clair à Juliette, qui constitue en fait un OUI pour vous : c'est un oui à votre besoin profond, une expression de votre amour pour vous-même. Paradoxalement, c'est aussi un oui à la capacité de Juliette de trouver une autre solution et de vous accepter telle que vous êtes.

Chapitre V

Dire au revoir
à son juge intérieur

Je doute fort qu'il existe une seule personne « normale » dans notre culture occidentale qui ne souffre pas de temps en temps du « juge intérieur », cette petite voix comminatoire qui est constamment en train de nous sermonner, de nous critiquer et de nous culpabiliser. « Tu n'aurais pas dû... », « Pourquoi n'as-tu pas... », « Voilà que ça recommence... », « Tu ne vas donc jamais apprendre », « Grosse comme tu es, et ça se paie encore un mille-feuille », « Vraiment ton fils, c'est une honte pour la famille »...

Nous connaissons tous ces litanies interminables. Chez les uns, elles sont occasionnelles, mais chez d'autres elles ne s'arrêtent pas du matin au soir.

Qui est ce juge intérieur ? Souvent, c'est un de nos parents, ou une personne, voire une institution qui a exercé un certain pouvoir sur nous quand nous étions enfants : prêtre ou pasteur, enseignant, Église, etc. Ce qu'il importe de comprendre est que ces personnes voulaient notre bien à leur façon. *Nous* avons « intériorisé » ces voix dont nous sommes, maintenant, si souvent victimes et *nous* avons le droit et le pouvoir de les congédier, sereinement mais fermement. Car nous sommes les seuls maintenant à les entretenir. Je voudrais donc vous proposer d'engager un dialogue avec votre juge intérieur sur la base du texte ci-dessous.

Pour entreprendre ceci, vous devez être seul et avoir tout le temps qu'il faut devant vous. Vous allez rentrer en vous-même et vous efforcer d'entrer en contact avec votre enfant intérieur et cette partie de vous qui aspire à la liberté totale. Soyez plein de tendresse et de compassion envers vous-même, soyez vraiment votre meilleur(e) ami(e). Soyez également, autant que possible, sans jugement envers la personne qui incarne le juge intérieur (pour autant que vous arriviez à l'identifier). Réalisez qu'elle était, elle, à son plus haut niveau de conscience à ce moment-là. Si elle avait pu être plus tolérante ou généreuse, elle l'aurait été.

La notion de codépendance dont il est question dans le texte est une situation de dépendance malsaine dans une relation. La « voiture psychique » constitue une métaphore pour illustrer la vie intérieure qui est la nôtre. Le guide intérieur évoque le Soi profond qui sait intuitivement ce qui est le mieux pour nous. Adressez-vous à cette personne ou cette voix anonyme en lisant le texte suivant lentement et à haute voix, en cherchant à sentir le sens de chaque mot.

DIALOGUE D'ADIEU AVEC MON JUGE INTÉRIEUR

Nous avons cheminé ensemble pendant de nombreuses années. Il est temps maintenant que j'affirme mon autonomie et que j'assume la responsabilité de mes choix.

Dans le passé, tu as trouvé important de me dire, voire de chercher à m'imposer, ta vision de ce que tu pensais être bon pour moi. Cette relation de codépendance n'a plus sa raison d'être.

Je choisis de m'assumer entièrement, d'assumer mes choix et de conduire moi-même ma voiture psychique.

Tout en reconnaissant que tu étais, toi, à ton plus haut niveau de conscience, je te demande de descendre sans tarder de ma voiture, car nous ne pouvons la conduire à deux.

Je te remercie de ce que tu as cru bon de faire et te bénis sincèrement sur ton chemin, qui n'est plus le mien.

Je continuerai mon propre chemin, en écoutant mon guide intérieur, qui m'aime sans conditions et qui m'accepte et m'approuve exactement comme je suis.

Sans doute aurez-vous à reprendre ce texte bien des fois pour vraiment l'intérioriser. Certaines personnes le mettent sur le miroir de leur salle de bains, sur leur frigo, dans un endroit bien visible de telle façon qu'elles ont constamment des « rappels » de l'importance de cette prise de position, sans laquelle la liberté intérieure est probablement impossible.

Rappelons-nous que la vie, l'univers, nous demandent deux choses : la sincérité et la persévérance. Tout le reste est le don de la grâce. Ce sont les deux qualités de base de notre recherche de vie, qui sont indissociables, car, si une personne est vraiment sincère dans sa recherche, elle persévérera jusqu'à l'atteinte du but, quels que soient les obstacles.

Dire au revoir à son juge intérieur implique nécessairement ***devenir sa propre autorité pour tout ce qui concerne notre chemin de vie*** : en effet, si nous subissons notre juge intérieur, c'est que quelque part nous lui donnons plus d'autorité qu'à nous-même. Nous *pouvons* assumer totalement nos choix, assumer totalement la responsabilité de notre vie. Alors seulement nous pourrons décider librement ce que nous voulons en faire. Se laisser dicter comment mener sa vie par la tradition familiale, l'opinion ou la pression sociale, une autorité médicale, religieuse ou psychologique, un patron, un conjoint ou des ambitions matérielles constitue un des plus graves manques d'amour imaginables envers soi-même.

Rappelons que PERSONNE NE PEUT MENER NOTRE VIE POUR NOUS. Personne ne peut fixer nos objectifs de vie, personne ne peut respirer le bonheur ni être épanoui à notre place. Si nous laissons les autres décider pour nous, c'est la recette assurée pour une vie de victime, une vie subie, contrainte et sans joie. Il est essentiel que nous devenions notre propre autorité concernant la manière dont nous voulons mener notre vie. C'est à cela que vous invitent ces lignes.

Bouddha, vénéré de son vivant déjà comme l'autorité suprême en matière de vie juste, disait lui-même à ses disciples : « *Ne croyez pas une chose simplement sur des ouï-dire. Ne croyez pas sur la foi des traditions uniquement parce qu'elles sont en honneur depuis nombre de générations. Ne croyez pas une chose parce que l'opinion générale la croit vraie ou parce qu'on en parle beaucoup. Ne croyez pas une chose sur le seul témoignage d'un des sages de l'antiquité. Ne croyez pas une chose parce que les probabilités sont en sa faveur, ou parce que l'habitude vous pousse à la croire vraie. Ne croyez pas ce qui provient de votre propre imagination en pensant qu'il s'agit de la révélation d'une Puissance supérieure. Ne croyez rien en vous fondant sur la seule autorité de vos maîtres ou des prêtres.*

Ce que vous aurez vous-même éprouvé, ce dont vous aurez fait l'expérience et que vous aurez reconnu pour vrai, ce qui vous sera bénéfique à vous ainsi qu'aux autres, croyez-y et conformez-y votre conduite. »

Comprendre que nous avons nous-mêmes à opérer les choix fondamentaux concernant l'existence que nous avons vraiment envie de mener ne signifie pas que nous soyons totalement seuls : des textes spirituels, des aînés ou des amis peuvent nous conseiller. Mais le choix ultime nous incombe. Nous ne devons déléguer nos choix de vie à absolument personne et personne ne doit avoir plus d'autorité sur notre façon de vivre notre vie que nous-même.

Quand l'amour devient l'autorité suprême qui rend caduque toutes les lois

Il y a dans l'univers une réalité qui constitue la Réalité ultime, une loi qui annule toutes les lois parce qu'elle constitue la loi suprême, une force plus puissante que le roulement même des galaxies et à côté duquel le fameux big bang qui aurait donné naissance à l'univers n'est qu'un petit pétard : c'est l'amour.

L'amour supprime toutes les autorités parce qu'il les rend inutiles. La loi de l'amour constitue le chemin par excellence vers la liberté, car elle annule toutes les autres lois. En effet, amour et liberté sont les deux faces de la même médaille. Exprimé de façon inconditionnelle, il conduit nécessairement à la liberté, parce qu'il constitue le dépassement de toutes les contraintes, et la vraie liberté ne peut se réaliser qu'à travers lui. Celle ou celui qui l'accueille en lui connaît une paix que rien ne viendra jamais enlever, une joie que rien ne peut éteindre, une compassion que rien ne peut limiter.

Si vous soumettez votre vie à son autorité, vous connaîtrez une légèreté qui vous donnera des ailes tous les jours. L'amour est une force qui donne un sens total à chaque instant, à chaque acte aussi humble qu'il soit, à chaque rencontre de la vie, que ce soit avec un enfant, un roi, un insecte ou une fleur.

L'amour maintient en vie, même dans un camp de la mort

Ce récit remontant à la deuxième guerre mondiale est narré par un médecin américain, le docteur Georges G. Ritchie[3]. Il raconte son arrivée avec les troupes américaines dans un camp de la mort nazi près de Wuppertal, dont les occupants étaient des squelettes ambulants. Avec une exception : un avocat juif polonais, dont la posture était droite comme un I, les yeux brillants, doué d'une énergie infatigable. Le docteur Ritchie se disait qu'il avait dû arriver peu de temps auparavant pour être encore dans une santé si éclatante.

Comme les occupants venaient de tous les pays européens et que l'avocat parlait cinq langues, il

---

[3] *Retour de l'au-delà*, Robert Laffont, 1986.

devint une sorte de traducteur officieux. On venait à lui pour tous les problèmes. Il travaillait quinze à seize heures par jour sans la moindre trace de fatigue et sa compassion semblait sans limites.

Un jour, le docteur Ritchie vit arriver sur son bureau les papiers de l'avocat. Il fut abasourdi d'apprendre qu'il était dans le camp depuis 1939, un défi total à toutes les théories médicales d'alors ! Il avait traversé six ans dans un enfer qui avait tué des milliers de personnes et réduit les autres à l'état de sous-homme et il rayonnait la santé et la joie de vivre. Comment était-ce possible ?

Un jour qu'ils discutaient ensemble, l'avocat lui dit : « Docteur, je ne vous ai jamais raconté mon histoire. » Alors il expliqua qu'il vivait avec sa famille dans le ghetto de Varsovie. Quand les Nazis arrivèrent, ils firent descendre de l'immeuble tous les habitants. Ils mirent l'avocat de côté car il parlait allemand. Puis, devant ses yeux, ils alignèrent tous les occupants de l'immeuble et les descendirent à la mitraillette. Sa femme et ses cinq enfants faisaient partie des victimes. « J'ai dû décider à ce moment, continua-t-il, si j'allais me laisser emporter à haïr les soldats qui avaient fait cela. Pour moi, c'était en fait une décision facile. J'étais avocat et, dans ma pratique, j'avais trop souvent vu ce que la haine pouvait faire aux esprits et au corps des gens. La haine venait de tuer les six personnes qui m'étaient les plus chères au monde. J'ai décidé que je passerais le restant de ma vie – fut-ce quelques jours ou des années – à aimer chaque personne que je rencontrerais. »

Ce qui était une énigme médicale totale en 1945 ne l'est plus. En effet, on sait aujourd'hui que le fait d'exprimer l'amour renforce le système immunitaire. Finie l'époque où l'on voyait les exhortations à l'amour des grands enseignements spirituels de tous les temps comme de belles utopies : l'expression constante de l'amour est un outil exceptionnel pour demeurer en bonne santé – sans parler de tout ce que cela nous apporte dans d'autres domaines.

Répondre à toute provocation ou acte agressif quelconque par l'amour est la plus grande preuve d'amour *envers soi* que l'on puisse manifester. En effet, toute émotion négative représente une agression non seulement contre notre paix intérieure, mais également contre notre propre système immunitaire.

Eckhart Tolle[4], un maître spirituel reconnu à l'échelle de la planète, dit : « Aimer votre prochain comme vous-même signifie que votre prochain est vous-même, et cette reconnaissance de l'unité constitue l'amour. »

L'exemple de l'avocat, autant que cette définition de l'amour de Tolle, nous montrent qu'aimer son prochain constitue une des plus grandes formes d'amour de soi – et vice-versa : s'aimer

---

[4] Auteur du livre *Le pouvoir du moment présent*, Éditions Ariane, 2000.

intelligemment profite à tous ceux que nous rencontrons, parce que *plus nous sommes bien dans notre peau, plus nous pouvons construire des relations équilibrées avec les autres.*

Soumettre notre vie à l'amour, c'est la soumettre à une force cosmique d'une bienveillance infinie. L'Amour infini qui soutient et dirige l'univers veut notre vrai bien plus que toute autre chose. Répondons à cet amour inconditionnel qui nous chérit, nous porte et nous entoure avec une tendresse infinie en nous aimant de la même façon : c'est notre droit de naissance. En ce qui me concerne, je sais que je suis encore à l'école enfantine de l'amour. Mais, le peu que j'ai appris jusqu'ici a déjà tellement changé ma vie, que je n'ai qu'un seul désir : apprendre encore plus sur la loi fondamentale de l'univers.

Devenir sa propre autorité en toutes choses, parce que l'on est soumis à l'autorité de l'amour, c'est la voie royale vers la vraie liberté.

Il y a là un paradoxe frappant que nombre de maîtres spirituels et de mystiques soulignent depuis la nuit des temps : c'est dans la soumission totale à l'amour que l'on découvre la vraie liberté.

Comme l'exprime le grand mystique soufi Rumi :

Le chemin de l'amour n'est pas argument subtil
Sa porte est dévastation
Les oiseaux font de grands cercles dans leur
liberté
Comment le font-ils ?
Ils tombent,
Et en tombant
Ils reçoivent des ailes.

Chapitre VI

Savoir pardonner, se pardonner et demander pardon

Une histoire zen raconte l'histoire de deux moines qui rentrent au monastère. L'un est plus âgé avec des traits un peu pincés ; l'autre, un jeune gaillard qui respire la joie de vivre et qui est fort comme un buffle. Il y a eu des pluies torrentielles les derniers jours et ils arrivent à un gué où une jeune fille pleure, assise au bord de la rivière dont le courant est déchaîné. Les frères lui demandent pourquoi elle pleure et elle répond qu'elle doit visiter son père malade dans un village situé de l'autre côté de la rivière, mais qu'elle n'ose pas traverser à cause de la force du courant. Ni une ni deux, le jeune moine la prend sur ses épaules et traverse le gué sans vaciller. Arrivé de l'autre côté, il la dépose et la fille éclate en remerciements. Les deux frères lui souhaitent bon voyage et présentent leurs vœux pour un prompt rétablissement de son père.

Tout au long de la route, le vieux moine grommelle dans sa barbe. « Comment as-tu pu faire cela ? C'est contre la règle, tu le sais. Ce contact avec cette jeune chair fraîche à dû te donner toutes sortes d'idées lascives, je devrais en parler au supérieur… Vraiment, je te croyais plus consacré… » Sa litanie continue, interminable. Soudain, le jeune se campe devant lui et, le regardant droit dans les yeux, lui dit : « Tu veux bien déposer la jeune fille ? C'est toi qui la portes. Moi, il y a longtemps que je l'ai laissée au bord de la rivière. »

Une des choses les plus cruelles que l'on puisse s'imposer à soi est de traverser la vie en portant un lourd fardeau de rancune ou de remords au fond de son cœur. Donc pardonner, se pardonner ou demander pardon pour une faute commise *constitue une des plus grandes formes d'amour que vous pouvez avoir pour vous-même.*

Pardonner aux autres

Le vrai pardon est un acte de libération, de lâcher-prise que l'on s'accorde à SOI pour ne pas avoir à traîner un lourd fardeau. La plus belle définition que j'en connaisse est celle de l'Américaine Edith Stauffer. Pour elle, le pardon est « *une disponibilité à avoir une certaine attitude. C'est une disponibilité à aller de l'avant, à être plus à l'aise et à souffrir moins. C'est une disponibilité à assumer la responsabilité de sa propre personne et à laisser les autres assumer la responsabilité pour eux-mêmes. Le pardon est une décision de ne pas se punir soi-même pour les torts commis par d'autres ou pour d'autres circonstances. C'est une décision de rentrer dans le flot de la vie.* »

Il faut insister sur le fait que le pardon que l'on accorde aux autres est l'un des plus grands cadeaux que l'on puisse se faire *à soi-même*. En effet, on sait qu'une rancune profonde nuit sérieusement au fonctionnement de notre système immunitaire, et une rancune entretenue pendant longtemps peut ruiner une vie. Nous avons le choix de continuer à traîner nos fardeaux à travers la vie – ou les laisser au bord de la route. Quel sera votre choix ?

Si vous avez de la peine à pardonner, n'hésitez pas à demander à l'Amour infini (que certains appellent « Dieu ») de vous aider. Il ou Elle n'attend qu'un signe de vous pour se manifester.

Je suis le premier à reconnaître que ce lâcher-prise n'est pas toujours facile, car pendant au moins 35 ans de ma vie j'ai traîné le fardeau d'un abus spirituel grave dont j'avais été victime de la part d'un pasteur connu pendant mon adolescence. Un jour, j'étais chez des amis à Carmel, en Californie. Je venais de lire l'exercice de pardon ci-après que propose Edith Stauffer et, tôt le matin, je suis descendu au bord de la mer. J'ai fait l'exercice deux fois de suite, tranquillement. Le tout a pris environ trente minutes. Puis j'ai senti tout le fardeau de rancune tomber comme une vieille pèlerine trouée. Trente-cinq ans de ressentiment disparus. Aujourd'hui, j'ai encore le souvenir de l'incident dans ses plus petits détails, mais il ne me fait absolument plus rien.

Un exercice pour apprendre
à pardonner
(légèrement adapté d'après Edith Stauffer)

❶ Dites d'abord à haute voix : Je choisis de cesser de me punir pour ce que X m'a fait il y a ... ans (et là vous devez vous remémorer l'événement).

❷ Vous visualisez ensuite cette personne debout devant vous. C'est plus simple si vous fermez les yeux. Puis vous dites à haute voix : « X (nom de la personne en question, ou des personnes s'il y en a plusieurs), j'aurais préféré que vous (ne) fassiez (pas) cela » (décrire l'incident à haute voix. Par exemple : « Que vous ne me ridiculisiez pas devant tout le personnel »).

❸ « Mais c'était là votre plus haut niveau de conscience à l'époque. Vous m'avez ridiculisé. Alors JE CHOISIS de laisser cet incident s'en aller. JE CHOISIS de tout relâcher, de tout laisser passer. JE CHOISIS d'être libre. JE CHOISIS de ne plus continuer à traverser la vie avec ce fardeau que je me suis inutilement imposé à moi-même. »

❹ Puis, toujours en visualisant la personne debout devant vous : « Par conséquent, j'annule toutes les demandes et attentes quelconques que je pouvais avoir à votre égard. Je cesserai de souhaiter que vous vous soyez comportés autrement.

J'annule toute attente que vous vous excusiez ou me demandiez pardon. Vous êtes entièrement responsable de vos actions, de votre vie. Je vous rends à votre propre bien, je vous laisse aller sur votre chemin de vie. » Et si vous pouvez le faire sincèrement, ajoutez : « Et je vous souhaite tout le bien possible », en vous rappelant que le bien que vous souhaitez aux autres, vous l'appelez automatiquement sur vous.

Si vous ne ressentez rien, reprenez l'exercice lentement.

Il est important de faire cet exercice séparément pour chaque incident. Ainsi si votre chef de service vous a d'abord humilié en public, puis déplacé dans un poste subalterne, il faut faire l'exercice séparément pour les deux incidents. Et rappelez-vous que chaque rancune, remords ou ressentiment nous lie par des chaînes invisibles à la personne concernée. Alors, si vous ne voulez pas passer toute votre existence avec cette personne dans votre antichambre, pensez à ce lâcher-prise tellement indispensable. C'est un grand signe d'amour et de tendresse envers vous-même.

À propos du troisième point, je voudrais souligner que la prise de conscience que chacun est à chaque instant à son plus haut niveau de conscience constitue l'une des démarches les plus radicales et libératrices pour ne plus juger les autres – ou soi-même ! Par plus haut niveau de conscience, il faut entendre que chaque acte entrepris par une personne vise à améliorer (ou simplement sauvegarder) une certaine qualité de vie, ou ce qu'elle voit comme son bonheur, son bien-être, voire sa sécurité. En dehors d'états pathologiques, personne n'agit consciemment contre son propre bien.

Si lors de l'incident imaginaire auquel il est fait allusion ci-dessus, votre chef avait pu ne pas vous ridiculiser, il l'aurait fait. Mais, compte tenu de toutes les contraintes externes et surtout internes qu'il subissait à ce moment, compte tenu de sa « programmation » psychologique personnelle, c'est ce qu'il voyait de mieux pour sauvegarder son autorité, sa place, sa sécurité personnelle. Si en général dans la vie, nous pouvons observer « là où les gens sont », réaliser que c'est là leur plus haut niveau de conscience sur le moment, sans les juger ou les évaluer, c'est *nous* qui serons les premiers bénéficiaires, c'est *nous* qui serons en paix. Comme le dit un proverbe amérindien : « Ne juge pas ton prochain avant d'avoir marché quinze jours dans ses mocassins. » Ceci ne signifie absolument pas se laisser marcher sur les pieds par tout un chacun dans des cas d'injustice flagrante. On peut rester très ferme tout en gardant sa sérénité.

Dans le schéma cosmique des choses, parce que l'univers fonctionne ainsi, celui qui fait du tort à autrui *se fait en fin de compte infiniment plus de tort à lui-même*, car il se met au ban de la loi d'harmonie et d'amour qui constitue le fondement même du fonctionnement de l'univers. Une fois que nous avons compris ceci, nous ressentirons de plus en plus de compassion envers ceux qui font du mal.

Se pardonner à soi-même

Il y a plus d'une vingtaine d'années, je suis allé à Londres suivre un stage dans le cadre d'une campagne mondiale contre la faim, dont je faisais partie. Au début d'un après-midi avec un formateur, ce dernier nous a demandé de promettre de faire tout ce qu'il nous demanderait. Avec tous les autres j'ai consenti à cette requête.

Plus tard dans l'après-midi, le formateur nous a fait faire un exercice totalement absurde au cours duquel nous devions couvrir notre partenaire (en l'occurrence ma compagne) d'invectives et de commentaires agressifs aussi violents que possible. Seul dans le groupe, j'ai d'abord refusé. Alors, me pointant du doigt avec un ton comminatoire, il a crié : « Rappelle-toi ta promesse de faire tout ce que je demanderais. » Et j'ai accepté. J'ai accepté d'aller totalement à l'encontre de mon intégrité profonde, au lieu de simplement quitter le cours.

Mal m'en prit. Dans les mois et les années à venir, cet incident me tenaillait sans cesse. Même après des années de développement personnel et spirituel et longtemps même après le démarrage de mes propres stages, le souvenir de cet incident me harcelait. Je n'arrivais pas à me pardonner d'avoir mis l'autorité d'autrui au-dessus de ma propre conscience. Puis un jour, lors d'un stage de développement personnel, j'ai compris soudain le fond du problème : je n'avais pas accepté la responsabilité totale de mon comportement. Quelque part, je me sentais toujours victime de la manipulation du formateur en question.

Alors le soir en rentrant, je lui ai écrit une lettre (même si je ne connaissais ni son nom ni son adresse) où j'assumais l'entière responsabilité de m'être plié à ses exigences, en lui souhaitant tout le bien possible sur son chemin de vie. Sur l'enveloppe, j'ai écrit : « Au formateur responsable du stage… aux bons soins de l'univers. » J'ai affranchi la lettre et l'ai postée normalement. Je fus instantanément libéré de 17 ans d'auto-accusations constantes. *En cessant de me voir comme victime et en acceptant totalement la responsabilité de mon geste et de ses conséquences, j'annulais automatiquement ces dernières.*

Le pardon que l'on s'accorde à soi-même *est un des plus grands signes d'amour que vous pouvez vous témoigner.* Car tout ressentiment ou pardon non accordé bloque une énorme énergie psychique qui serait mieux utilisée ailleurs. C'est aussi une façon importante de désencombrer notre demeure intérieure, notre âme.

Nous n'avons pas seulement le droit de nous pardonner, nous en avons aussi le devoir – quel que soit le nombre de fois que nous avons échoué. Jésus, un des plus grands sages de l'humanité, nous a dit de pardonner soixante-dix fois sept fois, soit près de cinq cents fois. Que nous soyons le fumeur invétéré inhalant trois paquets par jour et qui se promet tous les quinze jours de les lâcher ; l'alcoolique ou le drogué qui jure sans cesse d'abandonner une habitude qui le tue lentement mais sûrement ; le partenaire qui visite des sites pornos à l'insu de sa compagne, ou toute autre faiblesse secrète dont nous n'arrivons pas à nous débarrasser depuis une éternité… toutes ces erreurs sont avant tout des erreurs contre nous-même, contre *notre* bonheur, *notre* liberté et *notre* sérénité profonde.

J'écris erreur et non faute, car c'est bien d'une erreur résultant de l'ignorance qu'il s'agit – ignorance des lois fondamentales de l'univers, dont une des plus essentielles, la loi du juste retour, est que *l'on récolte ce que l'on sème*.

Si vous me permettez ce jeu de mots, je voudrais paraphraser la loi ci-dessus (aussi appelée loi de la cause et de l'effet ou loi du karma) et souligner que l'*on récolte aussi ce qu'on s'aime*. Plus nous apprenons à nous aimer, plus nous récoltons le bien dans la vie, car nous sommes de plus en plus en harmonie avec nous-même.

Une des règles de base les plus fondamentales de l'existence et de l'univers est que nous sommes tous, quelque part, programmés pour la plénitude totale, l'amour inconditionnel et la perfection, comme le soulignent certains des grands enseignements spirituels de l'humanité. Il y a un réconfort immense, une sécurité et un soulagement profonds, à prendre conscience du fait que l'univers ne nous permettra jamais d'arrêter notre marche en avant tant que nous n'avons pas atteint ce but. Chère lectrice, cher lecteur, ne sentez-vous pas toute la tendresse de l'univers derrière cette affirmation, tout l'amour dont nous entoure l'Intelligence cosmique infinie qui dirige toutes choses – y compris les plus petits détails de notre vie – si souvent à notre insu ?

Même les erreurs que nous commettons s'inscrivent dans cette pédagogie cosmique de l'Amour infini ! En effet, il n'y a que deux façons de progresser dans la vie – que ce soit pour les nations ou les individus – c'est par la sagesse ou la souffrance. Alors toute erreur que nous commettons constitue avant tout *une erreur d'aiguillage contre nous-même*, contre ce but de la plénitude que nous visons tous (parfois inconsciemment). C'est bien ce que traduit d'ailleurs le mot péché dans son sens hébreu originel : le mot signifie « manquer le but ». Et c'est exactement ce que fait une personne qui commet une erreur (une « faute » au sens traditionnel) : cela la détourne de son objectif de vie, cela la met temporairement sur une voie de garage, sur un parking payant qui l'immobilise, qui arrête son élan. Et, comme dans tous les parkings payants, la note attend à la sortie.

Mais attention : ce pardon que nous nous accordons n'a de sens que *si la repentance et le regret qui l'accompagnent sont vraiment sincères,* si mentalement nous nous mettons à genoux pour avoir ralenti notre *propre* progression, porté atteinte à notre *propre* joie de vivre et notre *propre* bonheur. Et ce pardon n'a de sens que si nous affûtons mieux les outils qui nous éviteront de rechuter, ou de rechuter aussi brutalement et aussi rapidement que dans le passé. Et faites bien attention ici de ne pas vous tromper vous-même, car à la longue cela engendrerait *la pire chose qui puisse arriver à un être humain* : la perte du respect de soi.

J'ai déjà mentionné la prise de conscience que chacun est à chaque instant à son plus haut niveau de conscience comme un outil pour ne plus juger. Mais prenez garde ici à un piège : l'argument du « plus haut niveau de conscience » est à double tranchant. Cela peut être un outil merveilleux pour ne plus juger les autres et se pardonner à soi-même, mais cela peut aussi devenir un fabuleux oreiller de paresse ou un dangereux parking payant. Imaginez que vous avez un penchant excessif pour la télé et que vous savez que vous devriez impérativement mieux vous discipliner dans ce domaine, ne serait-ce que pour votre propre santé et respect de vous-même. Zapper pour la énième fois de la soirée en vous disant « Oh, de toute façon, je suis à mon plus haut niveau de conscience » ou éviter d'affronter votre partenaire qui bat les enfants parce que vous détestez la confrontation en vous murmurant « Mais c'est son plus haut niveau de conscience, il en sortira bien un jour », c'est tricher avec vous-même – et vous le savez certainement !

On trouve dans le Nouveau Testament une parabole merveilleuse dont le message planétaire transcende toutes les religions, confessions et spi-ritualités, et qui s'adresse aux athées autant qu'aux croyants. Pour ma part, c'est le plus fort message sur le pardon que je connaisse. C'est l'histoire dite du fils prodigue que l'on trouve dans le chapitre XV de l'Évangile selon saint Luc. Ce récit décrit deux frères, l'aîné qui est satisfait de son sort à la maison paternelle, et le cadet qui s'y ennuie et désire explorer le monde. Il demande à son père sa part d'héritage. Le père la lui accorde. Il quitte la maison, s'en va fort loin, dilapide toute sa fortune en grands banquets avec des prostituées. Sur la paille, il ne trouve d'autre occupation que de surveiller les cochons, qui mangent mieux que lui. Revenu à lui et désespéré, il se dit qu'il va retourner à la maison, demander pardon et supplier son père de l'embaucher comme ouvrier agricole sur le domaine familial.

Or, son père guette son retour depuis longtemps. Dès qu'il aperçoit son fils au loin, en hardes, il s'élance vers lui (ce qui était tout simplement impensable dans la tradition moyen-orientale). Les deux se rencontrent. Le fils se met à genoux, fait sa demande à son père qui le fait se lever et ordonne à ses serviteurs de revêtir son fils d'une robe blanche. Il lui glisse un anneau au doigt (symbole de l'unité retrouvée) et commande de préparer un banquet pour célébrer son retour.

Pas UN MOT DE REPROCHE. Le père ne lui dit même pas qu'il lui pardonne – s'il n'y a pas de jugement, il n'y a aucun pardon à accorder. Notons que le père personnifie ici plus l'esprit de compassion d'une mère, mais, dans la culture patriarcale d'alors où Dieu était toujours représenté comme un être de sexe masculin, il était impossible pour Jésus de le décrire sous les traits d'une mère. Aujourd'hui cela est tout à fait acceptable et je vous encourage à le faire si l'image de la mère vous parle plus fortement. L'idéal serait de se représenter les deux parents ensemble !

Le père n'avait rien à pardonner, car il avait parfaitement compris que son fils était, en quelque sorte, sur un parcours d'apprentissage : il avait besoin de vivre la dualité – un état de séparation de son Soi supérieur – avant de retrouver la non-dualité, la non-séparation, l'unité parfaite avec la Source d'amour cosmique et inconditionnel représenté par le père. Dans la parabole, ceci est représenté par la robe blanche de l'innocence dont le père revêt le fils et par l'anneau qui représente l'unité retrouvée. Peu de récits montrent avec une telle parcimonie de paroles et avec une telle force que celui qui commet une erreur, qui agit à contre-courant des lois d'harmonie qui dirigent l'univers, « pèche » contre lui-même d'abord.

Dans une deuxième lecture plus subtile de cette parabole, on peut comprendre que ce « détour » apparent du jeune frère lui était nécessaire pour vraiment apprécier l'état de non-séparation de l'Amour. En effet, l'aîné qui était resté dans la maison du père à le servir fidèlement fut scandalisé par le pardon que son père accorda au cadet. Il incarne l'esprit de propre justice de tous ceux qui, athées ou croyants, sont si imbus de leur propre vertu qu'ils n'ont plus de compassion pour ceux qui sont moins « vertueux » qu'eux. Ils ont construit leur propre prison, où ils n'auront peut-être jamais à faire face à la tourmente mais où ils ne rencontreront jamais la vraie vie qui est danse joyeuse et célébration du bien.

Demander pardon à ceux à qui j'ai fait du tort

Cette démarche constitue la troisième démarche de la trilogie du pardon : après le pardon que j'accorde à ceux qui m'ont causé du tort et celui que je m'accorde à moi-même, il importe de demander pardon pour les erreurs que j'ai commises.

Les résultats sont parfois spectaculaires. Je pense à cet ami avec lequel j'ai grandi. Nous avons fréquenté les mêmes écoles, été ensemble aux éclaireurs, créé même, adolescents, un quatuor de spirituals. Nous avons fréquenté la même jeunesse paroissiale et partions presque toujours en vacances ensemble, car nos parents étaient très proches.

À un moment, il a fréquenté de façon sérieuse une jeune fille de la paroisse. Ils avaient même commencé à parler de fiançailles. Puis une petite jeunette lui a tourné la tête et il a quitté son amie du jour au lendemain. Cette dernière en fut catastrophée. Après avoir connu le même sort avec sa nouvelle amie qui l'a laissé à son tour, mon ami a fait carrière aux États-Unis où il a vécu une grande partie de sa vie. Il a connu deux des divorces les plus douloureux dont j'ai jamais été témoin. En passant un jour chez lui, je l'ai vu tellement décomposé que je lui ai suggéré de rentrer en Suisse. Je me proposais de l'accueillir chez moi à son arrivée. Ce qui fut fait.

Peu de temps après, il a écrit une lettre à son amie de jeunesse – celle qu'il avait quittée – pour lui demander pardon pour son comportement… plus de 40 ans plus tôt. Il terminait sa lettre avec un P.-S. « Tu n'as pas besoin de me répondre, mais je voulais simplement que tu saches combien je regrette mon comportement d'autrefois. » Le premier moment d'irritation passé, son ex-amie a accepté de passer l'éponge. Ils se sont revus. Et le miracle s'est produit : ils sont retombés amoureux et se sont mariés peu de temps après. Quelle joie ce fut d'être témoin de leur immense bonheur.

Demander pardon constitue un des cadeaux les plus thérapeutiques que nous puissions faire, non seulement à autrui, mais encore plus à nous-même. C'est une démarche indispensable pour toute personne qui veut apprendre à s'aimer, car de vivre dans la conscience d'une erreur grave que nous avons commise peut créer un immense stress intérieur qui conduit souvent même à la maladie. Vivre avec la conscience d'un mal commis, non pardonné, ronge notre intégrité personnelle, la chose la plus importante que nous possédions. Et quand nous manifestons le courage consistant à admettre nos torts, à dépasser nos peurs de paraître faibles ou ridicules, à surmonter nos propres résistances à cette démarche, nous développons plus de respect de nous-mêmes.

Une demande de pardon faite avec sincérité peut guérir de l'humiliation et ouvrir un espace de réconciliation. Une fois de plus, les résultats sont parfois spectaculaires, comme dans l'histoire suivante que j'aurais eu de la peine à croire si je n'en avais pas été témoin.

Astrid, une très proche amie norvégienne, avait vécu un divorce douloureux. Les enfants – un garçon et une fille – se sentaient très tiraillés entre leurs parents. Son fils surtout lui en voulait profondément. Pendant des années, leurs discussions se terminaient pratiquement toujours par une explosion ou des reproches mutuels. Mon amie s'en voulait de ne pas réussir à guérir cette faille. Un jour, son professeur de yoga lui suggéra d'écrire une lettre d'excuse à son fils.

« Moi, m'excuser ? Mais de quoi ? s'exclama-t-elle. J'ai tout fait pour lui, je suis toujours disponible…

– Il ne s'agit pas de votre façon de voir les choses, répondit son professeur, mais de son *ressenti*. Il est évident qu'il voit et surtout ressent les choses d'une tout autre façon. »

Mon amie Astrid reconnut le bien-fondé de ces remarques et écrivit une lettre très simple, directe et sincère à son fils, lui demandant pardon pour le mal qu'elle avait pu lui faire, peut-être souvent à son insu. Le résultat fut tout simplement spectaculaire. Du jour au lendemain, l'attitude de son fils changea du tout au tout. « J'ai enfin le fils que j'ai toujours rêvé d'avoir » me dit Astrid avec une étoile dans ses yeux d'un bleu profond. Devenu médecin, son fils est aux petits soins pour sa mère. Les voir ensemble est un délice.

Je vous invite à faire un petit exercice sur une feuille posée en largeur, avec trois colonnes. Vous devez être détendu et avoir tout le temps qu'il faut pour cet exercice – une bonne demi-heure est certainement un minimum. Dans la première colonne, vous mettrez toutes les personnes envers qui vous nourrissez du ressentiment. Dans la deuxième, vous consignerez tous les pardons à vous accorder à vous-même et dans la troisième, vous inscrirez les noms des personnes à qui vous voudriez présenter des excuses pour des torts que vous avez commis à leur égard.

Personne envers qui j'ai du ressentiment	Pardons à m'accorder à moi-même	Personnes à qui je veux demander pardon

Il est important de souligner que demander pardon est une façon d'offrir un espace de guérison pour le ressentiment nourri par la personne que nous avons lésée (que ce soit volontairement ou non). Nous désirons tous profondément que les personnes qui nous ont fait du tort s'excusent. Sachons alors présenter ces mêmes excuses quand c'est nous qui avons commis l'offense.

Beverly Engel[5], dit que toute demande de pardon sincère devrait inclure les trois « R » :

– **Regret** : la plupart des personnes sentent immédiatement si une demande de pardon est sincère. Elle implique l'expression d'une empathie réelle pour la personne lésée qui doit sentir que vous comprenez vraiment ce qu'a représenté pour elle le mal ou l'erreur que vous avez fait. C'est la dimension la plus importante de la demande de pardon.

– **Responsabilité** : ne cherchez pas des excuses pour ce qui s'est passé, ne cherchez pas à diminuer votre responsabilité – cela annulerait toute la valeur et la force de votre démarche. Acceptez l'entière responsabilité de vos actions. Cela vous grandira aux yeux de l'autre – mais surtout à vos propres yeux !

– **Réparation** : il importe de faire le maximum, concrètement de votre côté pour réparer les torts commis. Si vous avez par exemple médit d'une amie, il s'agira d'aller vers toutes les personnes à qui vous avez parlé en mal d'elle pour corriger les propos malveillants.

---

[5] Auteur d'un très beau livre sur la demande de pardon, *The Power of Apology*, John Wiley, 2001 (Le pouvoir de la demande de pardon, malheureusement non traduit)

Pardonner à l'univers !

Nombre de personnes, sans le réaliser, en veulent parfois profondément à la vie, au destin, à l'univers. Elles s'estiment mal loties par le sort, se sentent comme des victimes de la fatalité et des circonstances.Alors, je vous invite à prendre un moment vraiment tranquille, où vous pouvez être seul avec vos pensées, et vous demander : quels sont mes sentiments profonds concernant l'univers, l'existence ? Est-ce que je me sens fondamentalement en harmonie avec l'univers ? *Est-ce que je ressens une profonde reconnaissance envers la vie ?*

Si vous ne pouvez par répondre par un oui franc, il y a fort à parier que quelque part, à un niveau profond, vous en vouliez à la Providence d'avoir eu la vie qui est la vôtre, voire même d'être né. Or, attention ! Ce ressentiment pourrait être un simple paravent pour ce que vous ressentez à un niveau profond, voire inconscient, envers vous-même : par exemple, de n'avoir pas réussi votre vie comme vous l'espériez. « Pardonner à l'univers » commencera dans ce cas par vous pardonner à vous-même.

Prenez le temps de faire, vraiment tranquillement, sur une feuille, la liste de toutes les choses que vous vous reprochez : une relation rompue, une zone d'ombre dont vous avez honte, d'avoir abandonné tel idéal ou tel rêve, de retomber toujours dans tel défaut ou travers… La liste pourrait être fort longue ! Puis, vous rappelant que l'amour ne connaît pas la moindre condamnation – car la lumière ne peut voir l'obscurité – pour chaque élément sur la liste, vous vous direz à haute voix : « Je me pardonne entièrement et sans réserve aucune d'avoir… » Il est essentiel que vous *ressentiez* ce pardon. Cela ne doit pas rester des mots, et vous devriez sentir une détente même dans votre corps.

Chapitre VII

Suivre sa passion

Un ami banquier de Zürich me racontait le cas d'un de ses collègues, 58 ans, cadre dans une grande banque suisse et qui, au sommet de sa carrière, décide de tout plaquer pour commencer des études de médecine. À 70 ans, il ouvrait son propre cabinet de psychiatre !

Vous me direz certainement : oui, mais c'est un privilégié. Je vous l'accorde. Mais je suis surpris du nombre de personnes que je rencontre qui restent dans un poste, une relation, une localité, davantage par peur de changer, d'explorer d'autres horizons que parce que les circonstances de la vie les obligent à demeurer dans cette « zone de confort ». Comme je l'écrivais plus tôt, il est triste d'arriver à 60 ans au sommet de l'échelle de la vie et de réaliser que nous avons posé notre échelle… contre le faux mur !

De plus, rester dans les rails du quotidien en sachant qu'on pourrait ou qu'on voudrait tenter autre chose peut sérieusement entamer l'estime de soi.

Même si vous ne réussissez pas votre projet, vous apprendrez des leçons importantes sur vous-même, sur la vie, et cela est déjà un succès. De plus, vous grandirez dans l'estime de vous-même. « Il est difficile de décrire les vastes horizons de l'océan à la grenouille assise au fond de son puits » dit un proverbe japonais. Si vous visez le soleil de midi, vous ne l'atteindrez peut-être pas, mais vous irez toujours plus loin que celui qui vise un buisson dans son jardin.

Alors je vous pose la question : quel est le plus grand signe d'amour envers vous-même ? Rester dans les ornières du quotidien où vous savez plus ou moins d'avance de quoi demain sera fait, en vivant une vie sans grand relief et surtout qui ne vous nourrit pas à un niveau profond ? Ou quitter le confort du quotidien, oser prendre un risque, affronter vos peurs dans l'espoir de mettre votre échelle contre votre mur, celui que *vous* avez choisi et non pas celui que vous ont dicté les circonstances de la vie.

Chapitre VIII

Assumer la responsabilité totale de sa vie

On dit qu'une personne ne devient vraiment adulte que le jour où elle a accepté pleinement la responsabilité totale de sa vie et pardonné à ses parents. Et précisons que « responsable » signifie ici capable de répondre avec intelligence, créativité et amour à toute situation qui se présente dans notre vie. Cela ne veut pas dire que l'on a causé une situation donnée, mais simplement que l'on est capable de réagir de façon mûre, posée, adulte.

Être victime ou responsable est un choix que l'on peut faire chaque jour de sa vie. La personne qui réagit en victime manifeste de façon très subtile un manque profond d'amour envers elle-même. Elle reste dans l'apitoiement, la complainte (« pauvre de moi »), la soumission, le fatalisme, la résignation, la révolte, l'apathie et la passivité. Elle ne se remet pas en question, a un sentiment d'impuissance, est pessimiste et négative. Elle cherche sans cesse des excuses, voit tout de suite le problème au lieu de chercher la solution. Elle s'appuie sur des autorités extérieures, est révoltée, voit systématiquement la coupe à moitié vide... ELLE VIT DANS LE **NON** FACE À LA VIE.

La personne responsable manifeste exactement les caractéristiques opposées : elle assume, cherche des solutions, est courageuse, refuse résolument tout apitoiement, est positive... ELLE VIT DANS LE GRAND **OUI** face à la vie.

Vivre dans le OUI, en CHOISISSANT de voir à chaque instant et dans toute situation le côté positif des choses, de toute situation (car c'est un choix que l'on opère de façon consciente) est un des plus grands signes d'amour que nous puissions nous témoigner.

Victime ou responsable constituent bien sûr des attitudes plutôt que des types psychologiques. Il nous arrive à tous de nous sentir victimes des circonstances, et même la personne la plus passive assume un minimum de responsabilités. En revanche, on peut cultiver le choix de la responsabilité, en reconnaissant que l'on peut faire face à toute situation avec notre intelligence, notre créativité et notre amour innés. Parfois cela demande une force et un courage immenses, mais je crois que c'est possible, comme les vies de tant de « résilients » le soulignent.

Alors je vous invite à commencer chaque journée debout, les bras élevés et grand ouverts, les jambes écartées, face à une fenêtre si la vôtre donne sur une belle vue, en affirmant à haute voix, avec fermeté et assurance : « Je suis entièrement responsable de tout ce qui entre dans ma journée. » Faites-le pendant plusieurs semaines, voire plusieurs mois. Et peut-être déciderez-vous de le faire définitivement. Une variante que j'utilise chaque matin au saut du lit est d'affirmer : « Je dis OUI, MERCI à tout ce qui entre dans ma vie aujourd'hui, car tout me permet de grandir. »

C'est un choix que nous faisons, indépendamment des circonstances. Pour l'illustrer, voici une lettre que j'ai reçue, au moment de rédiger ces lignes, d'un homme, Robert Pruett, qui croupit depuis des années dans le couloir de la mort du Alan Polunsky Unit (Texas), un des plus sinistres endroits de la planète. Certains détenus y sont depuis 30 ans – 30 ans à attendre sa propre mort. Quelle torture psychologique ! Les détenus sont en isolement total dans des cellules de deux mètres sur trois, dont ils ne sortent souvent pas pendant plusieurs jours, dans un milieu d'une grande violence, avec une nourriture effroyable.

« Je pense à mon expérience simplement comme une occasion supplémentaire d'apprendre. Car si vous me le demandez, le sens de la vie est de vivre dans l'instant présent. Alors qu'est-ce qui est tellement stimulant dans le couloir de la mort ? Comment un être humain peut-il être heureux dans cette situation ? D'abord, je ne pense pas que la paix du cœur

provienne des choses extérieures. Je ne peux pas prédire l'avenir ou changer le passé, tout ce que je peux faire est d'accueillir le présent et embrasser la vie, et c'est ce que je fais.

Chaque jour constitue une nouvelle aventure et je salue chaleureusement tout ce qui se manifeste. J'en ai fini de m'accrocher aux choses, de résister, de reculer devant les événements, de partir en courant. J'accepte pleinement chaque instant et je le laisse passer. La vie est de nouveau belle. Je vois un processus étonnant, dynamique, qui change sans cesse, plein d'un abondant potentiel de créativité, de réalisation, de croissance, d'aventure et de sens. Je laisse simplement la vie me traverser et j'observe la beauté de l'existence. Si je peux le faire ici [dans le couloir de la mort], vous pouvez le faire là où vous êtes. Rappelez-vous le… »

Qu'ajouter à de telles paroles d'espoir et de vie venant de l'enfer ?

Chapitre IX

Oser demander de l'aide et prendre du temps pour soi

Tous, dans la vie, à un moment ou un autre, nous avons besoin d'une épaule amie sur laquelle poser notre tête, d'une main réconfortante dans laquelle glisser la nôtre. Oser le reconnaître est faire preuve d'intelligence et d'humilité. Ne pas le reconnaître est souvent soit de l'orgueil soit un manque profond de compassion envers soi-même. Nous avons le droit d'être notre propre meilleur(e) ami(e) – c'est même notre devoir. Nous avons le droit de pratiquer la règle d'or – *faites aux autres comme vous voudriez que les autres vous fassent* – à notre propre égard.

Alors, quand tout semble s'écrouler, ou quand une tuile particulièrement lourde ou dure vous tombe sur la tête, quand vous êtes au fond de la vallée et ne voyez même pas la plus petite lueur, osez téléphoner à un(e) ami(e). J'ai deux définitions de l'amitié : un véritable ami, c'est quelqu'un avec qui l'on peut marcher des heures en silence sans sentir la moindre gêne – et c'est quelqu'un à qui l'on ose téléphoner au milieu de la nuit sans hésiter.

Quand vous avez le courage de reconnaître ce besoin vous faites aussi un cadeau à votre ami(e). C'est lui dire la place unique qu'il ou elle occupe dans votre vie. C'est lui signifier que vous lui faites totalement confiance, que vous avez un grand respect pour son opinion.

Un autre élément important de cet apprentissage de l'amour de soi constitue à prendre un moment pour soi chaque jour – juste pour décanter, souffler, peut-être méditer, écouter un morceau de musique ou simplement ne rien faire – un des plus grands arts de la vie (et, dans notre société, un des plus difficiles). Je m'imagine aisément qu'une femme qui élève seule deux ou trois enfants en travaillant à plein temps me dira : « Mais je n'ai pas une minute à moi. Je cours du matin au soir, juste pour survivre. Même les week-ends sont pris par la lessive, le repassage, les commissions… »

Alors je voudrais suggérer que les quinze à vingt minutes que vous vous accorderez en vous levant un peu plus tôt (ou vous couchant un peu plus tard) constitueront un investissement que vous récupérerez en calme, lequel vous donnera ce petit surplus d'énergie qui compensera largement les minutes de sommeil (ou de télévision). Mais rappelez-vous l'avertissement du début de ce livre :

ne croyez pas un mot de ce que je vous raconte...
avant de l'avoir testé par vous-même !

Quand à ceux qui, bien que moins stressés par les circonstances, ne trouvent pas le temps pour ce moment tranquille avec eux-mêmes, prenez garde que votre hyperactivisme ne cache pas une peur de vous retrouver face à vous-même. Une peur déplacée, car si vous creusez assez profond, vous découvrirez une beauté qui pourrait bien vous éblouir !

Chapitre X

Refuser le mot échec

…et le remplacer par le mot apprentissage. Car la vie n'est que cela. Il n'existe qu'un seul échec dans la vie, c'est de rester sur ses fesses à pleurer – et encore cette solution n'est-elle que temporaire, car tôt ou tard la vie nous *obligera* à nous relever.

Contrairement à la culture américaine, où l'échec, loin d'être rédhibitoire, est souvent vu très positivement, en Europe il est souvent perçu comme quelque chose de définitif, un coup d'assommoir qui vous met K.-O. Certaines personnes ne se pardonnent pas leurs faillites. Quelle cruauté envers soi-même !

Alors abandonnez ces rêves de perfection inatteignables qu'une éducation sévère ou votre propre ambition vous ont imposé. Observez la nature : elle ne connaît pas la notion de défaite. Imaginez un chat en train de chasser des souris. Il en manque deux de suite. Pensez-vous qu'il va en faire une dépression ? Consulter un psy spécialisé dans le complexe d'échec chez les chats chasseurs de souris ? Il ne se posera même pas de question mais se remettra à l'affût.

Soyons tendres avec nous-mêmes – de la même tendresse que nous accorderions à un petit enfant qui apprend à faire du vélo. Nous n'allons pas le réprimander parce qu'il tombe, mais rire ensemble et recommencer. Or, ce petit enfant est en nous. Ne voulez-vous pas le consoler avec douceur et compassion ? Est-ce que vous vous accordez le droit d'avoir des moments de faiblesse, sans pour autant vous accabler ? Nous faisons tous des erreurs, mais rappelons-nous que nous sommes tous d'une rare beauté au fond de notre être, et que cette beauté cachée ne peut que croître à mesure que nous grandissons.

Enfants, on nous a tellement souvent dit que nous devions être forts ou parfaits que nous glissons dès lors facilement vers la dureté envers nous-même.

Est-ce que j'accepte ce que je n'ai pas encore réussi à changer en moi (tabagie, obésité, accès de colère…) sans me juger durement – et sans pour autant abandonner l'idée de surmonter le problème ? Plutôt que de développer un complexe d'échec, dites-vous que votre approche n'est sans doute pas la bonne et que vous reviendrez sur le problème quand vous serez mieux armés.

Chapitre XI

S'occuper de son corps

Notre attitude envers notre corps est un révélateur important de notre attitude profonde envers nous-même. Une personne qui néglige son corps ou, pire, le maltraite (par la drogue, la tabagie, des excès de poids ou l'anorexie, le manque d'exercice ou de sommeil, une mauvaise alimentation... la liste est longue) donne un message fort sur son manque d'amour à l'égard d'elle-même. Notre corps est le véhicule qui nous est prêté la durée d'une vie pour exercer nos talents et exprimer l'amour. Sachons nous en occuper avec patience, intelligence et créativité.

Car ce corps est un miracle de complexité et de coopération dont le fonctionnement défie les plus grands scientifiques. Selon l'homme de science Ervin Lazlo, un million de milliards de cellules (10 suivi de 14 zéros !), dont chacune est une pure merveille d'ingénierie biologique. Dix millions de cellules meurent chaque seconde et autant se régénèrent. Des millions d'anticorps sont synthétisés chaque minute à partir de 1 200 acides aminés et des milliers de réactions biochimiques se produisent à la seconde. Le système immunitaire réagit à la moindre de nos pensées… La médecine et la biologie ont à peine commencé à déchiffrer ce mystère étonnant qui, à la minute où nous commettons la moindre erreur à son égard, met en place des mécanismes autocorrecteurs ; qui, dès que nous nous blessons, envoie des millions de serviteurs colmater les brèches ; qui, dès que nous tombons malades, élabore une stratégie de guérison (qui ne fonctionne pas toujours parce que nous mettons souvent des bâtons dans les roues).

Et trop souvent, nous supportons ce corps comme un pis-aller ou le dorlotons dans son apparence (le fameux « look ») tout en le minant intérieurement par des attitudes négatives, des émotions destructrices comme la haine ou la jalousie, un manque d'exercice chronique, une nourriture totalement déséquilibrée. Alors qu'il est notre plus fidèle serviteur, prêt à faire n'importe quoi pour nous, et qu'il nous donne tout au long de la vie des signaux d'alarme – par la maladie, la douleur – qui sont sa façon de dire : « Hé, mon vieux, tu n'as pas de corps de rechange, alors prends un peu mieux soin de moi si tu veux que je te serve fidèlement ! » Nombre de propriétaires de voiture prennent infiniment plus soin de leurs quatre roues que de leur corps ! Pour leur voiture, ils ne manqueraient pas le moindre contrôle, la bichonnent le week-end… Mais leur corps ? Ils y pensent à peine. Quel étonnant manque d'amour de soi.

Je ne vais pas commencer à vous dire ici comment en prendre soin – les informations sont extrêmement nombreuses à ce sujet et chacun y a aisément accès par internet entre autres.

Chapitre XII

Rester dans le positif

Le plus grand service que nous puissions nous rendre, une des formes d'amour la plus puissante et transformatrice que nous puissions nous accorder, consiste à rester constamment dans le positif, à refuser les suggestions négatives sous toutes les formes. Ce n'est pas pour rien que la métaphore de la coupe à moitié pleine ou à moitié vide est peut-être la plus fondamentale du développement personnel. Notre plus grande liberté consiste à pouvoir interpréter les événements selon notre grille de lecture. Comme l'a dit le Dalaï-lama, personne n'est né sous une mauvaise étoile, il n'y a que ceux qui ne savent pas lire le ciel.

Un pèlerin sur le chemin de Saint-Jacques-de-Compostelle décide de partir de très bon matin pour la prochaine étape. Le temps est incertain. Passe un berger avec un grand troupeau de moutons.

« Dites, berger, quel temps est-ce qu'il va faire aujourd'hui ? lui demande le marcheur.

– Il fera exactement le temps que j'aime, fut la réponse.

– Mais comment pouvez vous dire cela, avec un temps si incertain ? lui demande le pèlerin.

– En 30 ans de vie de berger, j'ai appris à aimer exactement le temps qu'il fait » lui fut-il répondu.

À chaque instant de la vie, nous pouvons choisir notre réaction face aux événements. C'est peut-être là notre plus grande liberté. Quelqu'un nous rentre dedans avec agressivité ? Nous pouvons réagir avec colère et répondre du tac au tac. Ce sera l'escalade et il y aura deux personnes qui se sentiront très mal dans leur peau. Ou nous pouvons nous rappeler que toute personne qui en agresse une autre (ou qui ment, trompe, manipule, etc.), souffre à un niveau profond et, quelque part, se rejette elle-même. Alors nous répondrons à partir de notre vrai Soi, à partir de la compassion et nous aurons une personne qui reste calme et une autre qui commencera tôt ou tard à se poser des questions.

Ceci est illustré par cette étonnante lettre où Roger McGowen[6], un condamné à mort innocent du crime dont on l'accuse, explique sa réaction face à un gardien qui l'avait provoqué :

« *Un gardien est entré dans ma cellule [pendant mon absence] et a déchiré certaines mes affaires personnelles. Quand je suis revenu et que j'ai constaté*

---

[6] Auteur du bouleversant témoignage *Messages de vie du couloir de la mort*, Éditions Jouvence, 2003. Publié avec la collaboration de Pierre Pradervand.

ce qui s'était passé, je me suis immédiatement fâché. Je voulais lui dire quelque chose de méchant et il le savait. En définitive, il a fait cela sans vraiment avoir conscience de son geste. Parce que quelques heures plus tôt, j'étais à genoux, demandant à Dieu de me donner la force de faire face à toute forme de mal que je pourrais rencontrer dans la journée. Alors, quand le gardien a fait ce qu'il a fait, il jouait un rôle dans lequel il avait été placé à son insu. Je l'ai réalisé dès que je l'ai regardé. Et, eu lieu de dire quelque chose de méchant et de devenir une victime, je lui ai subtilisé la victoire en lui souriant et en disant : "Merci, j'avais besoin de faire quelque chose. Et vous savez, gardien, nous avons tous nos rôles à jouer". Le soir, avant de rentrer chez lui, il est passé me présenter ses excuses.

L'amour n'est qu'à une pensée de distance. Il ne peut jamais s'épuiser. Rappelle-toi de l'utiliser souvent. »

À commencer envers vous-même !

Une idée qui revient avec de plus en plus d'insistance dans la littérature contemporaine est la prise de conscience que quelque part, nous attirons (ou l'univers nous envoie) exactement ces événements dont nous avons besoin pour grandir. Ce n'est pas toujours facile d'accepter cela, surtout quand nous venons de recevoir une très grosse tuile sur la tête ! Mais si nous pouvons intégrer cette notion d'accepter ce qui est et apprendre à voir en chaque événement un apprentissage nécessaire, notre vie en sera transformée.

J'ai déjà rappelé que plus nous restons dans le positif, plus notre système immunitaire – qui est la clé de la santé – fonctionnera harmonieusement et nous soutiendra sur notre chemin de vie. Nous avons là un allié extraordinaire, qui réagit au quart de tour.

Mais cela demande de rester extrêmement vigilant ! Car les suggestions négatives viennent de partout, parfois de façon très subtile. Ainsi, fin 2005, une grande multinationale de la pharmacie a fait une campagne tous azimuts en Suisse afin de pousser la vente de ses produits pour des problèmes de vessie. Partout, on voyait leurs affiches suggérant des symptômes prétendument pathologiques décorées de rangées de sièges de toilette vides. Dans les deux semaines suivant le début de cette campagne, j'ai commencé à manifester un des symptômes décrits, et il m'a fallu faire tout un travail mental pour revenir à la normale !

Il existe des centaines de livres qui peuvent vous aider à éviter la négativité sous toutes ses formes. Deux que je recommande chaleureusement sont *Le pouvoir du moment présent*[7], et *Nouvelle Terre*[8], d'Eckhart Tolle. Le premier, traduit en plus de trente langues, est devenu un best-seller mondial et a propulsé son auteur au zénith des grands maîtres spirituels contemporains. Contrairement à beaucoup de livres dans ce domaine, qui restent superficiels, Tolle va vraiment au fond des choses et nous offre des techniques très simples et concrètes pour maîtriser la pensée.

[7 & 8] Éditions Ariane, 2000 et 2005.

L'arme la plus infaillible qui existe contre toute forme de négativité est peut-être la gratitude. Il est absolument impossible de ressentir une reconnaissance sincère et d'entretenir en même temps la moindre pensée ou attitude négative. Alors que la complainte attire le manque, la reconnaissance attire l'abondance sous toutes ses formes. Avant tout, c'est un choix – le choix de voir le bien déjà présent, le choix de voir la coupe à moitié pleine. Un cœur plein de gratitude attire le bien et la grâce, comme le miel attire les abeilles.

Suggestion : mettez sur votre table de chevet un « cahier de gratitude » où tous les soirs vous inscrivez six choses qui se sont produites dans la journée pour lesquelles vous ressentez une réelle reconnaissance. Ce seront peut-être des choses toutes simples comme un vol d'oiseaux, le sourire d'un enfant, l'appel téléphonique d'une amie… Cela pourrait devenir un outil puissant pour transformer votre vie. En effet, petit à petit, cela changera votre regard sur l'existence, vous commencerez à rechercher activement des occasions d'exprimer la reconnaissance. Si vivre dans le positif est un des plus grands signes d'amour que vous puissiez vous témoigner, alors la reconnaissance est l'arme par excellence d'une attitude positive. C'est simplement une autre façon de dire OUI à la vie.

Une histoire racontée par une conférencière qui faisait un exposé sur la gratitude m'est toujours restée. Elle parlait d'une femme qui était au bout du rouleau, sans travail, sans compagnie, sans un sou, vraiment désespérée. Cette dernière entend parler d'une thérapeute spirituelle qui aide les gens par la prière. Se disant qu'elle n'a rien à perdre, elle téléphone à la personne en question et lui déverse tout son lot de malheurs. Après un bref échange, la thérapeute lui dit de faire une liste de cinq cents choses pour lesquelles elle pouvait ressentir de la gratitude. Furieuse de cette réponse, la femme raccroche aussitôt. Mais l'idée de la thérapeute fait son chemin et elle s'attable pour commencer sa liste : elle savait écrire, elle avait quand même une table, un crayon et du papier, sa santé était bonne, elle avait un lit où dormir… Avant de terminer sa liste, sa façon de penser avait tellement changé que sa situation s'est rapidement transformée, elle a retrouvé du travail, elle était de nouveau sur les rails car son regard sur le monde s'était totalement métamorphosé.

Rappelez-vous l'affirmation du début de ce livre : ne pas croire une chose que j'avance sans l'avoir testé dans votre vie ! Personnellement, je ne connais pas d'outil plus puissant pour rester dans le positif que la gratitude. Testez-le !

Conclusion

S'aimer inconditionnellement et s'accepter exactement comme on est

Un des plus beaux messages de l'univers est *que nous sommes totalement acceptés et chéris exactement tels que nous sommes.* L'univers – l'Amour et l'Intelligence cosmiques infinis derrière toutes choses, cachés aux yeux matériels mais qui se révèlent infailliblement à tout cœur sincère – nous dit sans cesse : tu es ma créature bien-aimée, en qui j'ai mis toute mon affection. J'ai pour toi des transports d'allégresse. Je t'aime d'un amour tellement profond et inconditionnel que tu ne peux même pas commencer à le concevoir. Je t'ai créé pour la plénitude de la vie et je veux ton bien au-delà de tout ce que tu peux imaginer. La perfection que j'ai mise en toi n'attend qu'une chose : être découverte. Tu n'as pas besoin de devenir meilleur, mais simplement exprimer la plénitude QUI EST DÉJÀ EN TOI et qui n'attend qu'une chose : de se manifester.

Roger McGowen – 20 ans de couloir de la mort au Texas – a découvert ceci en prison. En 2005, il envoyait à une de ses correspondantes le message suivant, qui rappelle les passages de certains des plus grands mystiques de l'histoire comme Maître Eckhart, ou un grand maître indien du XXe siècle, Ramana Maharshi :

Nous sommes ce que nous cherchons.
Ce que nous recherchons n'a jamais été perdu.
Mais quand nous cherchons avec trop d'intensité,
nous passons à côté de ce que nous recherchons.
Dieu est tout autour de nous, alors pourquoi
Le rechercher ?
Nous sommes ce que nous cherchons.

Terminons avec cinq points particulièrement importants :

– Ce que nous voulons *plus que toute autre chose* est d'être acceptés et aimés tels que nous sommes.

– C'est en commençant à nous offrir cette acceptation et cet amour que nous pourrons l'offrir aux autres.

– C'est notre responsabilité de nous donner cet amour – personne ne peut le faire pour nous.

– Plus nous réalisons combien nous sommes inconditionnellement aimés de la Vie (l'Amour infini, « Dieu », l'univers, choisissez le terme qui vous parle), plus nous arriverons à nous aimer spontanément et sans aucune arrière-pensée.

– Apprendre à aimer inconditionnellement est la raison d'être de notre existence sur cette terre. Cet amour, quand il est partagé sans conditions ni limites, est la force de transformation la plus puissante et de nos vies et de nos sociétés.

S'aimer inconditionnellement ne signifie pas aimer ses défauts, mais reconnaître qu'ils ne font justement pas partie de nous, du Soi profond. C'est avoir le courage de voir et croire en l'être de lumière qui séjourne en chacun de nous au-delà des apparences matérielles.

À partir du moment où vous poserez ce livre, commencez à vivre avec la question : *suis-je en train de m'aimer en ce moment ?* Cela pourrait bien devenir la question la plus importante de votre existence.

Chère lectrice, cher lecteur, je vous souhaite une merveilleuse quête, car votre victoire est assurée d'avance, l'univers l'a déjà programmée.

Les stages Vivre Autrement :

L'auteur de cet ouvrage organise, en été, à 2100 m dans un vieux chalet restauré situé dans un décor exceptionnel des Alpes suisses, des stages de week-ends ou de six jours qui, depuis de nombreuses années, aident leurs participants à vivre de façon plus équilibrée et moins stressée des vies basées sur les vraies valeurs. Au printemps et en automne, ces stages sont offerts le week-end ou sur une journée à Lausanne.

Stages de six jours : Recréer sa vie ; Le bonheur peut-il s'apprendre ; Silence et pleine conscience ; Faire une pause pour mieux progresser.
Week-end : Image de soi ; Plus jamais victime ; Pardonner le passé et lâcher prise ; Gérer mon argent dans la liberté ; Vivre sans culpabilité ; Communiquer en profondeur ; etc.

Ces stages ouvrent des pistes qui permettent à chacun d'amorcer ses propres réponses aux questions qu'il se pose.

Pour plus d'informations :
Vivre Autrement
18, Ch. des Bois
CH - 1255 VEYRIER
Tél./fax : +41 [0]22 731 88 39
Courriel : **info@vivreautrement.ch**
Cnsultez notre programme sur le site : **www. vivreautrement.ch**

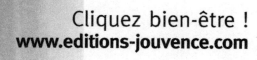

Achevé d'imprimer par **CPI** (Barcelone)
en août 2016

Imprimé en Espagne

Dépôt légal : octobre 2006

Ce livre est imprimé par **Black Print CPI** qui assure une stricte
application des régles concernant le recyclage et le traitement des
déchets, ainsi que la réduction des besoins énergétiques.